АЙДАНА ЧЕРТАНОВА

МОЙ ПУТЬ ИЗ АВСТРАЛИИ В АМЕРИКУ

ОГЛАВЛЕНИЕ

Перелёт в Австралию ...3
Первые впечатления и начало нового жизненного этапа ...7
Семь лет на фабрике ремней ...11
Ресторан «Астория» ...12
Политическое убежище ...14
Звонок, который нельзя забыть ...15
Двенадцать лет на чемоданах ...15
Правильное решение? ...16
В поисках Бога ...17
Жизнь без языка ...17
Двенадцать лет на пороховой бочке ...18
Люди, которые помогали ...19
Моя мама и мой сын ...19
Акулы и другие обитатели Австралии ...20
Купание в океане: первые и последние попытки ...21
Пауки ...21
Летучие лисы ...22
Мысли о доме ...22
Отказ ...23
Возвращение ...23
Решающий миг ...26
Интуиция ...27
Предательство и борьба ...28
Обещания, которые невозможно дать ...28
Поиск места под солнцем ...30
Дом троих ...39

ПЕРЕЛЁТ В АВСТРАЛИЮ

Двадцать пять лет назад я проделала в Мельбурн путь, который сейчас кажется мне чем-то из фильмов о выживании. Сегодня я бы отказалась даже за все деньги мира!

Началось всё с автобуса Бишкек — Ташкент, десять мучительных часов пути. Прощание с мамой и годовалым сыном стало испытанием. Аллаша, мой солнечный мальчик, всегда был спокойным, улыбчивым — светлые кудряшки, ямочки на щеках, голубые глаза (кстати, позже они стали карими; я тогда не знала, что у детей цвет глаз меняется). Но в тот день он вдруг разразился громким, отчаянным плачем, будто чувствовал: впереди разлука. Его слёзы резали моё сердце, заставляя всё во мне кричать: «Останься!»

Мой авиабилет был из Ташкента в Бангкок. Уже в аэропорту я почувствовала себя героиней фильма с Николь Кидман, в котором она убегала из тюрьмы. Конечно, на мне не было наручников, но я так же оставляла всё позади, бросая себя в неизвестность. Каждая мелочь пугала: как я встречусь с агентом в Бангкоке? что делать, если рейс отменят?

А потом пришла реальность. У меня не было денег на обмен, я не знала, как связаться с мужем, который в Мельбурне ждал моего звонка. Попытки позвонить с автомата провалились — я просто не понимала, как он работает. От отчаяния я разрыдалась прямо на улице, окружённая шумом незнакомого города.

И тут появился он — солидный мужчина в костюме, с чемоданом на колёсиках. Он взглянул на меня, остановился и, ничего не сказав, протянул мне мобильный телефон. Его спокойствие и молчаливое понимание казались такими нереальными, что я замерла. «Звоните», — коротко сказал он, кивнув на телефон. Я смогла дозвониться до однокурсницы мужа и оставить ей информацию о рейсе.

Как я долетела до Бангкока, почти не помню. Воспоминание, которое осталось со мной на всю жизнь, — я, сидящая на скамейке в аэропорту, изо всех сил сжимаю чемодан ногами, чтобы не уснуть, окружённая потоками незнакомых южноазиатских лиц. Они мелькали, задавали вопросы, что-то предлагали, словно назойливые мухи, от которых невозможно было избавиться...

Никогда не думала, что буду так рада увидеть Адиса! Он ждал меня в аэропорту Мельбурна с улыбкой, от которой сразу стало легче. Я чувствовала одновременно облегчение и радость: наконец-то я здесь, в Австралии, в месте, которое казалось мечтой.

Мы сели в такси, и дорога оказалась на удивление долгой. Я начала ворчать по-русски, думая, что нас явно разводят на деньги.

— Да куда он нас везёт? Он что, круги наматывает? — буркнула я, уверенная, что меня не понимают.

Как же я удивилась, когда водитель, обернувшись, с лёгкой улыбкой ответил на русском:

— Аэропорт далеко, никто вас не обманывает.

Я замерла, смущённая и немного растерянная, а Адис только рассмеялся:

— Добро пожаловать в Австралию!

Мы приехали в красивый район Кью. Место выглядело словно с открытки: ухоженные газоны с идеально подстриженными кустами, роскошные машины у подъездов, дома как игрушечные — всё дышало благополучием и уютом. Наш дом был новым, ещё пахнущим краской.

Когда я вошла в гостиную, то замерла, поражённая: прямо передо мной стояли камин и белый рояль. Всё напоминало сцену из фильма. Я недоверчиво провела рукой по гладкой крышке рояля, словно проверяя, настоящие ли это кадры. Адис явно постарался, чтобы моё прибытие стало незабываемым.

Однако долго мы там не задержались. Хозяин дома, пожилой и ворчливый, почти всё время находился внутри и, казалось, не выносил нашего присутствия. Мы понимали, что он предпочёл бы сдавать жильё студентам, которые исчезают на весь день. Спустя пару недель начались намёки: недовольные взгляды, придирки, резкие замечания. Мы решили, что лучше уйти, пока ситуация не стала невыносимой.

Наш следующий «дом» оказался совсем не похож на роскошное жильё в Кью. Это был гараж при частном доме. Тесный, холодный, с бетонными стенами. Он казался временным укрытием, но никак не домом. Единственным плюсом был доступ к кухне и ванной.

Я старалась не жаловаться, уверяя себя, что всё временно, но внутри росло разочарование. Это была не та Австралия, о которой я мечтала. Вечерами, лёжа на раскладушке, я смотрела на низкий потолок гаража и повторяла себе: «Ты справишься. Это только начало…»

Наконец после долгих и утомительных поисков мы нашли квартиру. Она была далеко не идеальной: по цене почти не отличалась от предыдущих вариантов, но условия оставляли желать лучшего.

С первых же дней мы поняли, что у нас есть незваные соседи — тараканы. Они были везде: уверенно маршировали по кухонным столам, выглядывали из-за крана в ванной, а однажды я даже обнаружила одного в шкафу с одеждой. Я задохнулась от возмущения, но что могла сделать? Мы старались с ними бороться, но казалось, что они чувствовали себя здесь увереннее, чем мы.

Квартира находилась в самом центре Балаклавы — района Мельбурна, который прозвали «русским». Здесь все вывески были на знакомом языке, в магазинах продавали гречку, селёдку и даже сгущёнку. С одной стороны, это придавало уют и немного успокаивало. С другой — каждый день здесь напоминал, что я пока ещё не вписалась в новую жизнь.

Жизнь в Балаклаве походила на бесконечную борьбу за место под солнцем. Люди здесь выживали, цепляясь за любой шанс, а мы с Адисом пытались убедить себя, что это только переходный этап. Смотришь на облупленные стены квартиры, на толпы в автобусах, на уставших людей на улице — и повторяешь: «Это лишь начало. Всё изменится. Надо только потерпеть...»

ПЕРВЫЕ ВПЕЧАТЛЕНИЯ И НАЧАЛО НОВОГО ЖИЗНЕННОГО ЭТАПА

Австралия меня ошеломила. Некоторые моменты до сих пор стоят перед глазами, как первые краски новой жизни.

1. Цветущая зима. Представьте себе: зима, а всё вокруг — в ярких красках! Экзотические кустарники, могучие кипарисы, причудливые кактусы — мир словно перевернулся. Казалось, я очутилась в другой реальности, где природа жила параллельной жизнью.

2. Толстые уличные коты. Эти наглые создания прогуливались с таким видом, будто владеют миром. Даже на парковках отказывались уступать место машинам, и никто им не возражал.

3. Попугаи. Эти красочные птицы не просто летали стаями, а гордо дефилировали по газонам, как звёзды на подиуме.

Мельбурн встретил нас тепло, несмотря на прохладный сезон. В этом городе мы встретились с Юрой и Ларисой — однокурсниками Адиса. Они работали в русском ресторане «Матрёшка». Адис, приехавший в Австралию по студенческой визе для повышения квалификации, посвятил всё время учёбе. А я, оглядевшись, поняла, что долго сидеть без дела не смогу. Австралия тогда казалась мне раем. В моей голове она рисовалась как в рекламном ролике про «Баунти» — солнечной, яркой, уютной и тёплой. Мысли о возвращении домой не возникало.

Решив найти работу, я сделала первый шаг — позвонила в «Матрёшку». Мне ответил приятный голос. Меня пригласили на собеседование, и так начался новый удивительный этап моей жизни.

Лариса, или Ляля, как её звали все сотрудники ресторана, стала для меня наставником и вдохновителем. Эта женщина обладала потрясающей энергией, добротой и мудростью. Она умела слушать и понимать людей, находя общий язык с каждым.

Работа в «Матрёшке» оказалась особенной. Ресторан был словно островок России, где все вспоминали о доме или просто искали теплоту и душевность. В меню — борщ, пельмени, селёдка под шубой. Посетители были разными: кто-то приходил, чтобы пожаловаться на жизнь, кто-то отмечал радостное событие, а кто-то просто искал возможности поговорить на родном языке.

Ляля была душой ресторана. Она знала, как обогреть каждого — словом, жестом или делом. Видя студентов, которые едва сводили концы с концами, она угощала их обедом или ужином бесплатно. После трудного рабочего дня она устраивала праздник для сотрудников: мы садились за стол, смеялись, ели оставшуюся еду и слушали её жизненные истории.

Однажды я спросила Лялю:

— Почему вы так заботитесь о людях?

Она улыбнулась и сказала:

— Знаешь, жизнь — как ресторан. Будешь щедрым — гости всегда вернутся. А доброта всегда окупается.

Её слова стали для меня уроком на всю жизнь.

Несмотря на все трудности и неустроенность первых месяцев в Австралии, работа в «Матрёшке» стала для меня не просто спасением, а школой жизни.

Каждый день в ресторане был насыщен событиями и открытиями. Я узнала, как важно быть частью команды, научилась находить подход к самым разным людям, справляться с неожиданностями и конфликтами. Здесь я обрела новых друзей и наставников, которые, казалось, пришли в мою жизнь именно в нужное время.

Ляля, повторюсь, была душой ресторана. Её щедрость и искреннее желание помочь каждому были поистине уникальными. Но ещё одним достоянием «Матрёшки» был Марик. Он обладал невероятным артистизмом и харизмой. Окончив театральный институт, он превращал каждое своё появление на публике в шоу. Его финальные поздравления в конце вечера были сравнимы с церемонией вручения «Оскара» — гости аплодировали, затаив от восторга дыхание.

Марик часто давал советы, которые помогали не только в работе, но и в жизни. Он говорил:

— Представляй каждый рабочий день как спектакль. Ты выходишь на сцену, чтобы удивлять и вдохновлять. Забудь о суете и замечаниях, просто играй свою роль.

Его слова стали для меня спасением в один из тяжёлых дней. Один из гостей, раздражённый и агрессивный, начал откровенно хамить, называя меня «узкоглазой хитрой проказницей». Он утверждал, что я подменила его вино, и даже пытался обвинить меня в пропаже креветок, которые он сам только что съел. Я растерялась и не знала, что делать. Но Марик подошёл, улыбнулся и мягко, но уверенно взял ситуацию в свои руки. Он так ловко обернул конфликт в шутку, что даже самый несговорчивый гость смягчился бы.

Ляля доверяла Марику настолько, что позволяла ему устраивать небольшие импровизированные выступления — от танцев с богато одетыми польскими вдовами до неожиданных тостов за вечерним столом. Такие мгновения добавляли ресторану особый шарм, превращая его в место, куда хотелось возвращаться.

Особенно приятно было слышать безупречную русскую речь от самых неожиданных посетителей: польских эмигрантов, китайцев из Харбина, а иногда даже от индийских лётчиков. Их рассказы, манеры и акцент создавали удивительное смешение культур и судеб, что делало каждый вечер уникальным.

Двенадцать лет в ресторанном бизнесе стали путешествием в мир человеческой натуры. Работа в ресторане — словно наблюдение за сценой, на которой разворачиваются драматические, а порой комедийные спектакли. Люди до и после бокала вина — абсолютно разные личности. Кто-то, раньше сдержанный, превращается в душу компании, а кто-то, напротив, открывает свои слабости, которые прятались за холодным фасадом. Здесь я впервые увидела, как счастье может вмиг разрушиться из-за одного неосторожного слова, взгляда или жеста.

Каждая смена открывала передо мной закулисную жизнь, которая обычно остаётся невидимой. Мне казалось, что я учусь читать между строк — замечать мельчайшие детали в поведении, интонации, во взглядах. Люди снимали маски, показывая себя такими, какими они были на самом деле, — уязвимыми, гордыми, смешными или трогательными.

Ресторан стал не просто работой, а моей школой жизни. Я научилась адаптироваться, выстраивать диалог с разными людьми — от строгих гостей до раскованных весельчаков. Это походило на постоянный тренинг, где ошибки неизбежны, но всегда приносят бесценные уроки.

И, конечно, здесь я нашла друзей — тех, с кем мы стояли плечом к плечу в самых напряжённых ситуациях. Ресторан объединил нас в крепкую команду, где каждый знал, что может положиться на другого. Такие отношения не могли быть поверхностными. Когда вы вместе проходите через стресс, усталость и даже весёлые ночи за закрытыми дверями ресторана, между вами рождается особая связь, глубже и искреннее, чем привычная дружба.

Каждый день за столиками разворачивались новые истории — порой весёлые, порой грустные. Но главное, я научилась быть наблюдателем и участником одновременно. Ресторан стал местом, где я поняла, что за каждой улыбкой или резким словом скрывается жизнь, полная переживаний, о которых мы часто даже не догадываемся.

После работы в ресторане судьба привела меня на фабрику постельного белья. Я проработала там почти год и до сих пор вспоминаю владелицу Яну — женщину с уникальной энергией и обаянием. Она не просто управляла бизнесом — она вдохновляла, заряжала энергией. Яна стала для меня примером хозяйки — сильной и уверенной в себе. До сих пор её образ служит мне ориентиром.

На фабрике я познакомилась с женщиной, чья судьба походила на мою. У неё была единственная дочь, которая осталась дома на Украине. Это сильно нас сблизило.

Была ещё одна удивительная женщина, которую я часто вспоминаю. Она начала водить машину в зрелом возрасте. И однажды, проезжая между большими грузовиками, она не испугалась, а уверенно сжала руль и двинулась вперёд, не сомневаясь в себе.

Однажды я работала в паре с китаянкой, которая была врачом и приехала учиться. Тогда я поняла, что нам до китайцев по трудоспособности как до Луны. Мы работали с ней на скорость: сколько упаковок наволочек запакуешь, столько и заработаешь. Я успевала запаковать одну упаковку, она — две. Соревноваться с ней было бессмысленно. Каждое её движение было выверенным до совершенства. Работала как робот.

СЕМЬ ЛЕТ НА ФАБРИКЕ РЕМНЕЙ

После работы на фабрике постельного белья я оказалась в уютном мире семейного бизнеса. Это была небольшая фабрика по производству ремней для платьев и костюмов, управляемая удивительной парой — Светой и Ромой.

Света, хозяйка фабрики, на моих глазах овладела мастерством реставрации одежды. Её настойчивость и трудолюбие поистине вдохновляли. Она училась на практике, не боялась ошибок и вскоре стала мастером своего дела.

Её муж, Рома, был человеком-легендой. Он не только чинил швейные машинки, но и строил дома, покупал землю и постоянно придумывал новые проекты. Казалось, для него не существовало невозможного. Но главным были их души. Ребята не просто работали для себя. Многие эмигранты, включая меня, начинали путь в Австралии благодаря их помощи. Они предоставляли жильё, помогали с работой, с оформлением документов.

Несмотря на всё, что они делали для других, Рома и Света всегда находили время и силы для своих дочерей. Они вкладывали в них не только любовь и заботу, но и уверенность в завтрашнем дне.

Я проработала с ними семь лет, и это было гораздо больше, чем просто работа. Это были годы, проведённые с людьми, для которых человеческие качества, взаимопомощь и доброта всегда стояли на первом месте. Света и Рома стали для меня не только работодателями, но и семьёй.

РЕСТОРАН «АСТОРИЯ»

Открытие «Астории» оказалось событием, которое невозможно забыть. Грандиозный ресторан на триста пятьдесят человек встретил гостей с небывалой роскошью. Всё, от интерьера до блюд, говорило о масштабе замысла. Еда, которую хозяева подали в день открытия, поражала. Многие даже не видели таких изысков, не то чтобы пробовали!

Но, как всегда, даже в праздник нашлись те, кто не смог сдержать своего «особого» мнения. В тот день я усвоила важный урок: никого ничем не нужно удивлять. Нужно просто делать всё, что возможно, но без лишних ожиданий.

Контраст между обычной жизнью и таким великолепием был резким. В Киргизии люди голодали, многие собирали еду из мусорных баков. А в «Астории» тарелки с красной икрой использовали вместо пепельниц, бычки тушили прямо в неё, а иногда и вовсе кормили ею золотых рыбок в аквариуме.

Запомнился и особо странный инцидент. Утром, почти закончив натирать вилки и ножи, мы заметили ноги, торчащие из-под двери туалета. Это было жутко — неужели труп? Но оказалось, это просто пьяная девушка, которую «забыли» в ресторане после банкета.

Хозяйка ресторана, Амалия, заслуживала восхищения. Её решение совмещать большой ресторан, работающий только по выходным, с меньшим, ежедневно открытым, оказалось поистине гениальным. Её предприимчивость вдохновляла.

Работа официантом в таком месте требовала умения подстраиваться — под гостей, под хозяев, под ситуацию. Но что меня действительно поразило, так это работа в гриль-отделе. Муж Амалии, Адик, с виду грозный, но добрый, был мастером своего дела. Он не просто жарил мясо — он умел продавать. Его муштра, иногда строгая, а порой мягкая, стала для меня закалкой на будущее. Такие качества — умение продавать, находить подход к людям — пригодились мне ещё не раз.

«Астория» была не просто рестораном, а школой жизни.

ПОЛИТИЧЕСКОЕ УБЕЖИЩЕ

Мы стояли на распутье. Рабочую визу отклонили, и с одним визитом проверяющих рухнула вся надежда на её получение. Как песок сквозь пальцы ускользала возможность остаться, закрепиться, зацепиться за новую жизнь.

Политическое убежище... Эти слова звучали громко, почти грозно. Мы знали: если решим пойти таким путём, нас будут допрашивать, изучать, проверять каждый документ, каждую строку. Я вспомнила рассказы мамы Адиса. Её удочерили в 1941 году, во время войны, забрали из детского дома. Её происхождение всегда оставалось загадкой. Я верила, что она еврейка, и в этом была наша слабая, зыбкая надежда.

Но Австралия не Америка. Здесь, чтобы доказать статус беженца, нужно больше, чем просто слова. Требовалось доказать, что именно твой дом разрушили, что именно твою жизнь уничтожили. Нужно не просто показать страдания народа, а раскрыть все карты — предъявить доказательства собственных страданий.

Мы копались в документах, искали в истории. Даже справку о смерти моего отца изучали под лупой — проверяли её подлинность, как если бы это было ключом ко всему делу. Я ощущала себя преступником, пытающимся оправдаться за то, чего не совершал. Мы боялись, сомневались: а что, если нам откажут? что тогда?..

Каждый день мы боролись с такими мыслями. Это был страх, переплетённый с надеждой. И страх всегда побеждал.

ЗВОНОК, КОТОРЫЙ НЕЛЬЗЯ ЗАБЫТЬ

Однажды утром раздался звонок. Это был Павел. Его голос был удивительно спокойным, даже слишком спокойным, как будто Павел боялся, что не сдержится. «Нас забрали» — два слова эхом отозвались в моей голове.

Павел и его семья приехали из Молдавии. Спортсмены, чемпионы по подводной стрельбе. Мы знали их как сильных и целеустремлённых людей. Они начали жизнь в Австралии, и нам казалось, что у них всё стабильно, что они уверенно стоят на земле. Мы думали, что они остались здесь по учёбе.

Но звонок из детеншен-центра разрушил иллюзию. Их арестовали. Просто забрали, погрузили в машину и увезли, не дав ни малейшего шанса объясниться, не пытаясь понять.

Мы поспешили помочь. Собирали их вещи — складывали их жизнь в коробки. Всё происходило в тягостном молчании. Никто не знал, что сказать. Всё походило на похороны, но без тела. Квартирой и мебелью занимались другие. Павла и его семью отправили назад, на родину. Мы пытались выяснить, что с ними стало, но след исчез.

Этот случай лишь укрепил в нас страх. Мы понимали, что можем оказаться следующими.

ДВЕНАДЦАТЬ ЛЕТ НА ЧЕМОДАНАХ

В конце 1990-х эмигрантов в Австралии жило так мало, что их можно было пересчитать по пальцам. Найти информацию о том, как действовать, куда обращаться, у кого просить помощи, было практически невозможно. Адвокаты стоили баснословных денег — триста долларов в час. Сумма, которая далеко не каждому была по карману. Но выбора не было.

Мы нашли одного из лучших адвокатов, австралийца с безупречной репутацией.

Но у нас не было сильной истории. Мы приехали с отказом по рабочей визе, что сразу ставило нас в невыгодное положение. Было понятно, что у дела нет шансов на успех. Время работало против нас. Двенадцать лет мы жили на чемоданах, в постоянном ожидании решения, которое могло никогда не наступить.

Сын рос. Когда мы вернулись в Бишкек, ему было уже тринадцать лет. Он пережил с нами годы неопределённости, когда вся наша жизнь была пропитана ожиданием.

Первый суд мы ждали три года. Слушание длилось три с половиной часа, и оно было изматывающим. Адис произнёс такую речь, что, кажется, только Бог знал, о чём он говорил. Он любил «размазывать грязь по стене» — и это был именно тот случай. Отказ был неизбежен.

Но, как ни странно, при подаче апелляции мы вдруг выиграли. Это было pro bono. Наше дело взял адвокат из Индии, и он победил. Неожиданная победа дала нам надежду.

На втором суде нас снова ждал отказ. Последней нашей надеждой было письмо к министру иммиграции. Мы отправили его, но ответ был предсказуемым. Эпопея длилась двенадцать лет — целый жизненный цикл.

ПРАВИЛЬНОЕ РЕШЕНИЕ?

Правильно ли я поступила? Тогда — да. У меня не было выбора. В Бишкеке я не видела работы для себя. Зарплату Адиса, тысячу двести долларов в 1996 году, я тоже не видела — она уходила в его семью. Его мама, папа, брат постоянно нуждались в помощи. Проверить, правда ли это, не было возможности. Да и желания тоже.

Я прожила год в замужестве, но не видела никакого просвета. И я приняла решение: уехать и не возвращаться. Это было невероятно сложно. Я пыталась выбивать из себя эмоции через постоянную работу, чтобы не думать и заглушать боль.

В ПОИСКАХ БОГА

Я всегда была агностиком. Пионерка, комсомолка — я не верила в Бога. Но мысль о ребёнке, которого я оставила, не давала мне покоя. Душа не находила покоя.

Однажды я пошла в мечеть. Я родилась мусульманкой, и такой шаг казался естественным. Но мне ответили коротко: «Женщинам здесь не положено».

Затем я попробовала синагогу. Однако мне сказали: чтобы быть там, нужно сменить религию. Зачем? Я просто хочу побыть наедине с Богом.

И только в православной церкви меня встретили с открытыми дверями. Никто не спрашивал меня о прошлом, никто не требовал сменить веру. Я начала ходить на службы. Нечасто, но такие минуты приносили мне облегчение. Это было место, где я могла остановиться и наконец услышать себя.

ЖИЗНЬ БЕЗ ЯЗЫКА

Когда мы приехали в Австралию, я почти не знала английского. Школа и университет, где нас учили по учебникам и заученными фразами, не могли подготовить нас к реальной жизни. Адис же окончил специализированную школу с английским уклоном и учился в университете на английском отделении. Казалось, у него было больше шансов найти работу, но реальность оказалась суровой: работы для офисного работника не имелось.

Я искала любые возможности. Через знакомых договорилась, чтобы его приняли на стройку. Но какой ценой? Помню день, когда он вернулся домой с окровавленными коленями и ободранными руками, разъеденными цементом. Увидев его, можно было просто расплакаться. Платили всего пятьдесят долларов в день. Но у нас не было выбора. Его начальник, Дима, человек с непростым характером, оказался на удивление щедрым, насколько позволяла ситуация.

Адис проработал на стройке все двенадцать лет, несмотря ни на что. Дважды нам даже подарили машину. Зарплату всегда выплачивали, даже когда возникали проблемы с расчётами от клиентов. Это было редким везением в нашей нестабильной жизни.

Когда мы смогли сами купить машину, Адис выучился на права и сдал экзамен с первого раза. Это стало маленькой победой, такой важной на фоне наших бесконечных трудностей.

ДВЕНАДЦАТЬ ЛЕТ НА ПОРОХОВОЙ БОЧКЕ

В Австралии, по правилам подачи на беженство, работать нельзя. Мы жили как на пороховой бочке. Каждый день я просыпалась с мыслью: а что, если нас проверят? если узнают? Страх стал частью нашей жизни, он пронизывал всё вокруг.

Однажды ночью наш страх стал реальностью, но совсем не в том виде, в каком мы ожидали. Вооружённые люди с пинка выбили нашу дверь. Они кричали, требовали кого-то. Оказалось, сосед по площадке задолжал деньги. Мы стояли парализованные ужасом. Этот случай напомнил нам, что даже в такой, казалось бы, благополучной стране далеко не всё так радужно.

ЛЮДИ, КОТОРЫЕ ПОМОГАЛИ

Ощущения, что мы в эмиграции, почти не было. Может, в самом начале, пока мы только привыкали к новому миру. Но вокруг всегда находились люди, готовые помочь, независимо от времени, обстоятельств или собственных трудностей.

Особую благодарность хочу выразить моей подруге Свете, которую ласково называю Солнышко. Она человек, который, я уверена, непременно попадёт в рай. Ей можно было позвонить в любое время, и она появлялась, не задавая лишних вопросов. Нужно сшить шикарное платье, если вдруг пригласили на свадьбу? Без проблем. Отвезти к врачу, если страшно идти одной? Она просто брала ключи от машины и ехала.

Дом Светы всегда наполняли уют, тепло и аромат вкусной еды. Атмосфера семьи в её доме притягивала, а её мама становилась мамой для всех, кто заходил в гости. Муж Светы был другом как для меня, так и для моего супруга. И дело не только в нашей семье — Света была такой для каждого, кто её окружал. Она дарила заботу и поддержку всем без исключения.

МОЯ МАМА И МОЙ СЫН

Когда я готовилась к отъезду, мама категорически запретила брать с собой моего годовалого сына. Она знала, что я еду в неизвестность, а не в обустроенную жизнь. В отличие от Адиса, который повидал полмира, я ничего не видела, ничего не знала. Но я доверяла маме больше, чем себе.

Прошли годы, и я ни о чём не жалею. Если вернуть то время, я поступила бы точно так же. Мой единственный ребёнок вырос, как и я когда-то, с бабушкой. Но моя мама заменила ему всех: и маму, и папу, и дедушку, и бабушку. Она жила ради него, отдавая ему всю любовь без остатка.

Однажды она спросила меня:

— Можно ему называть меня мамой?

Конечно, да. А меня он стал называть Айданой. И до сих пор так зовёт.

Странно, но я не ревную. Просто не умею. У меня своё понимание людских отношений: если кому-то лучше с кем-то другим, значит, так и должно быть. Главное, чтобы им было хорошо. Это правило касается всех: моих мужчин, друзей, родственников. Счастье близких для меня важнее всего.

АКУЛЫ И ДРУГИЕ ОБИТАТЕЛИ АВСТРАЛИИ

Наш первый год в Австралии стал временем открытий. Всё вокруг было новым, удивительным и необычным. Мы много путешествовали, стараясь увидеть и попробовать как можно больше.

Однажды мы отправились на рыбалку с пирса в Монингтон. На крючок попался скат, и тогда я впервые узнала, насколько осторожным нужно быть с этой рыбой. Снимать ската с крючка — искусство. Он может выпустить чернила, которые окрасят тебя с головы до ног.

Но главное событие того дня — встреча с акулой. Она заплыла в небольшой залив, где стояли лодки. Не огромная, скорее среднего размера, она мелькнула словно призрак и так же быстро исчезла. За все двенадцать лет, что мы прожили в Мельбурне, это был единственный случай, когда мы видели акулу так близко.

КУПАНИЕ В ОКЕАНЕ: ПЕРВЫЕ И ПОСЛЕДНИЕ ПОПЫТКИ

Купание в океане поначалу казалось захватывающим. Всё шло замечательно, пока Адис не решил окунуться. Он зашёл в воду, обмылся, а вышел с красными ожогами. Позже мы узнали, что его, скорее всего, покусали медузы.

А дальше — электрические скаты, морские ежи... Они постепенно отбили желание искать приключений в океане. После этого мы плавали только в озёрах, хотя и там нас преследовали опасности.

Помню, как однажды мы отдыхали на природе и моя подруга не переставая предупреждала нас быть внимательнее. То водоросли, то змеи, то ещё что-то... Её возгласы напрочь отбили желание расслабиться, и плавание превратилось скорее в формальность, чем в удовольствие.

ПАУКИ

Встреча с пауками произошла всего раз, но я помню каждую деталь, словно всё было вчера. Мы работали в лесу, на шабашке, когда на потолке появилась тень. Я подняла глаза — и застыла. Надо мной висел огромный паук, размером с ладонь. Он не шевелился, но его глаза, сверкая словно фары, следили за каждым движением, будто он готовился к прыжку.

Убивать его никто даже не думал — в Австралии с этим строго. Адис осторожно подобрался к пауку с пластиковой банкой, накрыл его и закрыл крышкой. Казалось, дело сделано. Но... Через минуту Адис ворвался обратно в дом, размахивая руками как сумасшедший, и начал лихорадочно снимать с себя одежду. Паук исчез! Банка оказалась пустой. Где он? Остался в доме? Ответ мы так и не узнали, но спокойно спать в ту ночь не получилось.

ЛЕТУЧИЕ ЛИСЫ

Если вам когда-нибудь скажут, что летучие мыши безобидны, не верьте. Эти существа всегда вызывали у меня тревогу.

Однажды вечером мы наслаждались закатом. Это был редкий миг покоя: тёплый ветер, закатные краски на горизонте и ощущение, что время остановилось. Но как только солнце село, мы заметили что-то странное. Над нами пролетала стая птиц, но их движения казались неправильными.

«Птицы ночью?» — подумала я. Австралия всегда умела удивлять. На следующий день мы узнали, что это были летучие лисы. Днём мы увидели их на деревьях — они висели вниз головой, словно огромные странные плоды. С кожистыми крыльями, они напоминали пришельцев из другого мира.

МЫСЛИ О ДОМЕ

Австралия удивительна, но жизнь там — постоянная борьба. Каждый день, даже в самые счастливые минуты, мои мысли были далеко: с мамой и сыном. Это как тихий, неумолимый фон в голове.

Ты ешь и думаешь: а что едят они? Засыпаешь и задаёшь себе вопрос: как засыпают они? Просыпаешься — и сразу вспоминаешь, что между вами океан. Чтобы не сойти с ума, мы работали. Семь дней в неделю, без остановки. Но даже так накопить деньги не получалось.

Звонки домой стоили три доллара в минуту. Посылки? Самолётом — пятнадцать долларов за килограмм. По морю дешевле, но доставка занимала полгода, а вещи часто терялись. Это была реальность, где ты должен был принять, что ничего не сможешь доказать. И даже когда удавалось отдохнуть, чувство вины не отпускало. Казалось, отдыхать я не имела права.

ОТКАЗ

Мы прожили в Австралии двенадцать лет. Целый жизненный цикл. И вдруг всё рухнуло — отказ от министра иммиграции. Официальный документ, который перечеркнул всё, что мы построили и к чему стремились.

Билеты обратно мы купили сами. Это было наше решение, чтобы избежать ещё большего унижения. Если бы правительство оплатило наш выезд, нас занесли бы в чёрный список с запретом возвращаться на долгие годы.

Мы летели через Абу-Даби. Наши паспорта были просрочены, вещи отправлены морем, а всё самое ценное — в ручной клади. Удивительно, как мало может поместиться в такой предел. Не только материального, но и того, что связано с твоей жизнью: фотографии, письма, воспоминания...

Было жутко, больно и страшно. Казалось, сердце разрывается между двумя мирами: тем, который мы теряли, и тем, куда нас теперь забрасывала судьба.

ВОЗВРАЩЕНИЕ

Я, растерянная, стояла во дворе и вдруг осознала: я забыла номер квартиры и подъезд. Всё смешалось — долгие годы вдали от дома, страх, тревога.

Я закричала:

— Мама!

Дверь открылась, и она вышла. Та же осанка, те же глаза. Но лицо стало строже, будто годы наложили отпечаток. Она больше не улыбалась.

Мы почти не разговаривали. Она молчала, а я не знала, с чего начать. Мне сказали, что у неё рак гортани. Горло... Место, где застряла обида, невыраженная боль. Мама считала себя жертвой. Я оставила её одну — растить моего сына, бороться с ежедневными трудностями, пока, как ей казалось, я наслаждаюсь жизнью за границей.

Простить меня она так и не смогла. И я её понимаю.

Когда она умерла, чувство вины стало моим постоянным спутником. Наши с мамой отношения всегда были сложными, но разве это важно? Она — моя мама. А мама... не обсуждается.

После того как мы выиграли грин-карту, жизнь перевернулась. Казалось, всё, что было раньше, — лишь подготовка к новому этапу, который нас ждал. Процесс получения визы и сбора документов стал испытанием на прочность. Ожидания, нервы, трудности... Но всё казалось мелочью по сравнению с тем, что предстояло пережить.

Адис был основным заявителем, и вся процедура начиналась с него. Когда мы отправились в Алматы для прохождения медкомиссии, нас ждал новый вызов: у Адиса был ещё первый брак, а без документов о разводе доказать законность нашего двадцатилетнего брака оказалось непросто. Мы потратили несколько недель на то, чтобы найти необходимые документы и перевести судебное решение. Это оказалось проверкой на терпение и настойчивость. И, к счастью, шаг за шагом мы собрали все нужные доказательства.

Однако самые серьёзные проблемы возникли на медкомиссии, где у Адиса диагностировали предынфарктное состояние. Снова паника, страх, растерянность... Нам дали всего несколько месяцев на то, чтобы найти гаранта, который бы подтвердил его здоровье и взял за нас ответственность. Те, кто сталкивался с подобным, знают, насколько это сложно и почти безнадёжно. Без гарантии никто не берётся за такие дела.

Мы боялись, что упустим шанс, но, словно услышав наши молитвы, судьба подкинула решение.

Один из наших знакомых согласился помочь. Это было мгновение невероятного облегчения и надежды на то, что впереди нас ждёт светлое будущее.

День, когда мы продали квартиру, стал переломным в нашей жизни. В тот миг мы осознали: пути назад больше нет. Мы собрали вещи, минимальный багаж — всё, что смогли уместить для начала новой жизни, — и вылетели в неизвестность. Мир перед нами был полон надежд, но одновременно окутан неясностью и тревогой. Однако одно мы знали точно: после всех испытаний, которые остались позади, нас ждала новая глава.

Мы решили начать новую жизнь в Уайт-Плейнсе, в доме наших друзей. Это была интеллигентная семья учёных, которые приняли нас с такой теплотой и искренней добротой, что мы даже не ожидали встретить подобное. Это оказалось одним из самых правильных решений, которые мы когда-либо приняли.

Во-первых, они щедро поделились с нами опытом — знаниями, которые накопили за долгие годы жизни в Америке. Это были не просто советы, а энциклопедия практических знаний, которые оказались для нас бесценными. Друзья объясняли, как устроена местная система, как искать работу, куда обращаться в сложных ситуациях. Именно нашим друзьям мы обязаны всем тем, что узнали и чему научились в первые месяцы.

Их поддержка дала нам не только знания, но и веру в то, что мы сможем справиться с любой преградой. Наши первые шаги на новой земле стали для нас крепким фундаментом, на котором мы начали строить свою жизнь.

Америка оказалась абсолютно другим миром. Здесь никто ничем не делится: люди хранят знания и связи, словно тайны, которые нельзя раскрывать. Мы слышали не раз: «Мы прошли через огонь и воду — почему кому-то должно быть легко?» Такая философия поражала, но одновременно учила быть самостоятельными, сильными и настойчивыми.

Наши гаранторы стали исключением из этого правила, и за их поддержку мы всегда будем благодарны. Но, даже с их помощью, мы осознавали: теперь всё зависит только от нас. Нам предстояло двигаться дальше, преодолевая новые преграды.

РЕШАЮЩИЙ МИГ

Я глубоко вдохнула. После всех испытаний мы наконец оказались в Америке — стране, где мечты, казалось, могли стать реальностью. Я грезила о собственном деле, о небольшой, но уютной квартире, о новой, лучшей жизни. Всё казалось таким близким, таким возможным.

Но судьба снова бросила нам вызов. Через месяц, когда мы наконец получили все документы: социальные номера, медицинскую страховку и разрешения на работу, — наша жизнь изменилась навсегда.

Адиса парализовало на правую сторону. Это был первый инсульт. Тогда я впервые ощутила страх за нашу новую жизнь. Все планы, все мечты, которые мы только начали воплощать, вдруг исчезли, словно их никогда не существовало. Оставалась лишь неизвестность.

Хорошо, что рядом были Борис и Евгения. Я не могла найти себе места: раздевалась и одевалась раз десять, будто это могло чем-то помочь. Мы уложили Адиса на кровать, не зная, что так категорически нельзя было делать.

Скорая приехала через семь минут, но они казались вечностью. Всё происходило словно в тумане. Медики сразу потребовали список лекарств, которые принимал Адис. Но в его крови ничего не было — оказалось, что он не пил разжижающие кровь препараты, и именно это стало причиной закупорки сосудов.

Перед тем как его увезти в госпиталь, врачи попросили разрешение на укол. Они объяснили: укол может либо убить, либо раздробить сгусток и дать шанс на выздоровление. Выбор ужасал своей простотой и одновременно невероятной сложностью. Всё внутри сжалось от страха, но я знала, что времени на сомнения нет.

ИНТУИЦИЯ

Дни бесконечных дежурств в госпитале отнимали последние силы, но мысль о том, что нужно позвонить маме Адиса в Бишкек, не давала мне покоя. Я взяла его телефон и сразу заметила неизвестный номер, с которого ему недавно звонили. Обычно я никогда не трогала его вещи, это противоречило моим принципам. Но сейчас интуиция буквально кричала.

Я набрала номер. На другом конце ответила женщина. Её голос был чужим, но слишком уверенным. Чересчур уверенным! Позже я узнала: это его «подруга». Подруга, которая была с ним, пока я ухаживала за мамой. Подруга, которая оставалась рядом с ним, пока я её хоронила.

Их сыну было всего семь месяцев. О втором ребёнке у нас даже речи не шло. «Зачем плодить нищету?» — сказал бы Адис, как он всегда говорил, отмахиваясь от любых разговоров о будущем.

Я замерла. Сердце болезненно сжалось, гулко отдаваясь в груди. В голове крутилась лишь одна мысль: как такое могло случиться?

ПРЕДАТЕЛЬСТВО И БОРЬБА

Мне хотелось прибить предателя. Человека, которому я доверяла больше, чем себе. Человека, которого я считала своей опорой, своим стержнем. Его больное сердце всегда было моей заботой. Я думала, что, если бы могла, без колебаний отдала бы ему своё, лишь бы он жил.

Но теперь всё рухнуло. На улице стояла зима. Снег укрывал землю белым покрывалом, а холод, казалось, проникал прямо в душу. Поддержка Бориса и Жени стала для меня спасением. Борис, отвозя меня в госпиталь, заметил, как мои ноги подкашиваются. Всё, о чём я могла думать, — это предательство.

В реанимации всё было оснащено по последнему слову техники: современное оборудование, камеры, стерильность. Мониторы, бесконечные капельницы... Позже Адиса перевели в отдельную палату. Но даже там случилось непоправимое: его умудрились уронить.

Мужчина, лежавший в одной палате с Адисом, всё видел и обо всём мне рассказал. Этот случай стал для меня поворотным. Я поняла, что не могу позволить эмоциям взять верх. Наоборот, это был шанс. Шанс требовать перевода мужа в один из лучших реабилитационных центров.

Его предательство стало моей болью, но и моей мотивацией. Я знала: борьба только начинается.

ОБЕЩАНИЯ, КОТОРЫЕ НЕВОЗМОЖНО ДАТЬ

Решение поставить Адиса на ноги пришло не от меня. Я находилась на грани, потеряв веру и последние силы. Но я дала слово моей подруге Амалии — хозяйке ресторана «Астория» в Австралии. Это была женщина, которой я доверяла безгранично. Её уверенность, железная выдержка и умение преодолевать любые трудности всегда вызывали у меня восхищение.

— Ты не имеешь права сдаваться, — твёрдо сказала она, когда я, рыдая, призналась, что больше не вижу выхода. — Борись за него. Если не ради него, то ради себя.

Её слова эхом застряли в моей голове. Мне не хотелось их слышать, но я знала, что Амалия права.

Мы на каталке привезли Адиса в реабилитационный центр. Здание было современным, просторным, с высокими окнами, пропускающими потоки света. Всё выглядело слишком идеально, словно на страницах рекламного буклета. У входа нас встретила менеджер — молодая, уверенная женщина в безупречно белой униформе. Она тепло улыбнулась и ободряюще посмотрела на меня.

— Через месяц он начнёт ходить и говорить, — спокойно сказала она, будто это не чудо, а обычное дело.

Я слушала её, а внутри меня поднималась волна тихого язвительного смеха. Месяц? Этот человек почти овощ. Он абсолютно неподвижен, его взгляд пустой, будто он уже не с нами. Месяц? Ха! Ну да, конечно!

Но я промолчала. Я держалась за обещание, данное Амалии. Оно удерживало меня на плаву, как якорь в бушующем море. Амалия поддерживала меня даже тогда, когда я сама не верила в успех.

Я решила идти до конца. Если не ради Адиса, то ради себя. Ради обещания, которое я дала.

Адис проходил восстановление в «Берк Рехабе» — реабилитационном центре, который до сих пор остаётся для меня эталоном. Место впечатляло всем: ежедневными занятиями по шесть часов, высоким профессионализмом врачей и невероятной атмосферой, пропитанной верой в выздоровление. Казалось, именно здесь происходят чудеса.

Я не могла поверить глазам, когда через месяц Адис начал говорить. Сначала это были простые слова, но с каждым днём их становилось всё больше. Он даже вспомнил английский язык, которым не пользовался уже долгое время. А потом случилось то, что мы боялись даже надеяться увидеть, — Адис сделал первые шаги.

Его правая рука так и осталась неподвижной, а нога слегка волочилась, но это уже была победа. Выстраданная победа, которая наполнила нас верой в будущее.

«Берк Рехаб» стал для меня больше, чем местом восстановления. Это было место, которое напомнило мне, что нельзя терять надежду, даже когда всё кажется безнадёжным. Оно стало символом того, что даже после самых тяжёлых испытаний жизнь способна возродиться заново.

ПОИСК МЕСТА ПОД СОЛНЦЕМ

Я работала уборщицей в Macy's. Это была простая, почти автоматическая работа, и я не жаловалась — далеко не худшее занятие. Однако выходные всегда выпадали на меня, а денег всё равно не хватало. К тому времени средства от продажи квартиры уже подходили к концу.

Меня спасло одно знакомство. Благодаря моему опыту работы в ресторане и казино меня взяли менеджером в украинский ресторан на Манхэттене. Тогда я считала это шагом вперёд, но сейчас понимаю: вести банкеты в Австралии и работать в небольшом ресторане в Америке — абсолютно разный уровень.

Украинский ресторан стал для меня школой человеческих отношений. Вспоминать о тех временах не хочется, но один урок я усвоила: люди — самый сложный ресурс. Особенно в таких условиях.

Меня поддерживал мой сын. Он забирал и отвозил меня домой, и без его помощи я бы просто не выдержала. Работала я там недолго. Моё представление о том, как всё должно быть, и реальность оказались несовместимы.

В ресторане действовали правила, которые шли вразрез с желаниями гостей. Например, ради видимости наполненности заведения мы должны были усаживать гостей у окон или на улице, даже если им это не нравилось. Желание гостей не имело значения. Так было принято.

Стукачество, интриги, подсиживание — всё это было повседневностью. Это меня поражало и казалось ужасным, но именно тогда я поняла: жизнь в Америке пропитана равнодушием. Здесь никому до тебя нет дела. Если не ты, твоё место всегда займёт кто-то другой. Текучка кадров — бич этой страны.

Несмотря на всё, я благодарна такому опыту. Он научил меня выживать в новом мире, где каждый сам за себя.

Надо было что-то менять, и я решила переехать в Бруклин, поближе к русским. Сначала устроилась работать на фабрику. Её хозяин, бывший программист, шил мешки для стирки в ландроматах. Казалось, это неплохой бизнес. Но вскоре стало очевидно, что секретарь ворует, а работники тянут время, чтобы заработать больше. Я попыталась помочь, рассказать правду, но ничего не вышло.

Пришлось уйти. Вскоре фабрика закрылась, как и украинский ресторан.

Работа в аптеке стала важной частью моей жизни. У нас был небольшой, но очень дружный коллектив, где каждый помогал друг другу справляться с трудностями. Моя утренняя смена начиналась с того, что я пекла хлеб и булочки, а потом продавала их. Это было не совсем то, что я ожидала от работы в аптеке, но со временем я привыкла.

Покупатели приходили разные. Некоторые — с благодарностью и радостью, другие — с болью, усталостью или раздражением. Особенно тяжело было общаться с теми, кто явно искал конфликта. Например, однажды мужчина принёс обратно лекарства, утверждая, что они просрочены, хотя срок годности был в порядке. Он кричал, требовал начальство и угрожал написать жалобу. В такие минуты я училась сохранять спокойствие и профессионализм, хотя иногда это казалось почти невозможным.

Со временем я поняла кое-что важное: за каждой грубостью или недовольством скрываются проблемы, которые люди не могут решить сами. Работа в аптеке научила меня терпению, умению слушать и оставаться вежливой даже в самых сложных ситуациях.

Когда я только переехала в Бруклин, мне пришлось снять квартиру вместе с подругой из Киргизии. Мы познакомились в ресторане «Генацвале» в Бишкеке, где обе когда-то работали: она — кассиром, а я — администратором. Она была на десять лет старше меня, и я всегда восхищалась её мудростью и жизненным опытом. Мы прожили вместе почти четыре года. За это время было всё: и плохое, и хорошее. Но я всегда старалась видеть в людях только лучшее и надеялась, что они ответят тем же.

Перед тем как переехать в Бруклин, мне пришлось сделать тяжёлый выбор. Мой муж Адис пережил инсульт, который серьёзно изменил нашу жизнь. Я ухаживала за ним, помогала восстановиться, но всё усложнялось постоянными звонками из Киргизии. Его бывшая подруга требовала, чтобы он вернулся к их ребёнку. Такое давление стало невыносимым. И однажды я просто не выдержала. Купила два билета, отвезла мужа домой и подала на развод. Это было трудно, но другого выхода я не видела.

...Прошли годы, и вдруг я услышала звонок, который остановил мой мир. Звонок из Вашингтона. Бывший муж. Он оказался в приюте для бездомных, без денег, и только благодаря другу, который помог ему добраться до автобуса, он оказался на пути ко мне. Мы не разговаривали уже много лет, но его звонок вернул в прошлое, как будто всё, что я пыталась забыть, снова всплыло за секунду: двадцать лет совместной жизни, бесчисленные ночи, полные надежд и разочарований, годы иммиграции в Австралии...

Всё это оставило глубокий след. Я не была готова снова увидеть Адиса, особенно в таком состоянии. Он был парализован, ослаблен, потерян. И я не могла перестать спрашивать себя: как так получилось? как его семья, его родные — отец, мать, брат — могли отправить его на другой конец света, даже не подумав о том, что с ним будет? Я не понимала, как они могли так поступить.

И я вспомнила о моей интуиции. О том, как много лет назад, когда я только начинала путь в Америке, мне казалось, что я должна быть полезной другим, и я решила окончить курсы по уходу на дому, чтобы получить американскую лицензию. Я не знала, что моё решение однажды приведёт меня к такому повороту судьбы.

Когда я встретила Адиса на автобусной станции, его вид меня потряс. Он выглядел жалким, едва держался на ногах. Его глаза, когда они встретились с моими, были полны страха и растерянности. Как же так вышло, что он оказался в такой ситуации? Мы не разговаривали долго, но мне и нескольких минут хватило, чтобы понять: он нуждается в помощи. И это не просто напоминание о прошлом. Это часть моего настоящего. И, возможно, будущего.

Мне было тяжело. В душе росли гнев и боль от того, что я видела. Но появлялось и другое чувство: осознание, что у меня появился шанс сделать что-то важное. Возможно, это было единственное, что я могла сделать для него. Вернуть ему хотя бы частичку того, что мы потеряли, когда наша жизнь рушилась.

Но был и другой вопрос, который не давал мне покоя. Его семья. О чём всё-таки думали его родные, отправляя его в такой путь? Возможно, они не знали, как помочь. Или, может быть, просто отвернулись. Я не могла понять их, не могла найти оправдания их поступку. Этот вопрос терзал меня, постоянно возвращая к тем мгновениям, когда всё пошло не так.

С каждым шагом, который я делала, помогая Адису вернуться к более стабильной жизни, я всё чаще переосмысливала свою собственную. Иммиграция изменила меня, сделала сильнее, но научила и тому, как важна ответственность. Иммиграция напомнила, как важно оставаться рядом с теми, кого любишь, несмотря ни на что. Я не могла изменить наше прошлое, не могла исправить ошибки или вернуть упущенное. Но я могла помочь ему сейчас. И это осознание давало мне силы двигаться вперёд.

В тот день, когда мы встретились, я поняла одну простую, но важную истину: моя жизнь не должна быть только о том, что было. Она должна быть о том, что я могу сделать сегодня. О том, как мы можем быть нужны друг другу, несмотря на расстояние, разлуку и ошибки.

Я уже встречалась с Питом — любовью всей моей жизни. Бывший полицейский, верующий итальянец с огромным сердцем, он излучал силу и уверенность, которые дарили мне чувство безопасности. Пит стал не только моей опорой, но и тем редким человеком, который действительно понимал меня, когда весь мир казался чужим и равнодушным. Он был душой своей семьи, а его мама стала для меня вторым домом. Она приняла меня, как родную дочь, стараясь заменить ту маму, которую я оставила в другой стране.

Пит любил меня так, как никто другой. Его любовь была не просто чувством — это было глубокое восхищение. В его глазах я видела полное принятие, и это наполняло меня силой. Он был моим учителем, другом и путеводителем. С ним я училась не только языку, но и доверию. Он помог мне преодолеть барьер между мной и новым миром. Благодаря Питу я наконец-то нашла свой голос. И это было не только о словах, но и о том, чтобы обрести уверенность, понять своё место в новом мире и быть собой.

Каждый день рядом с ним был шагом к переменам. Мои страхи и сомнения постепенно уходили, а их место занимали сила и вера в себя. Пит научил меня принимать себя такой, какая я есть, не скрываясь и не стесняясь. Он помог мне понять, что я могу преодолеть любые трудности, что жизнь может быть другой — полной любви, тепла и возможностей. С ним мне не нужно было притворяться или скрывать свои чувства. Его любовь стала основой, на которой я строила новую себя.

Через неделю после приезда с Адисом случилось невообразимое — второй инсульт. На сей раз всё оказалось намного хуже. Он оставался в сознании, но его тело сотрясали судороги, изо рта шла пена. Я растерялась, не зная, что делать. Это было настолько страшным, что на мгновение я потеряла способность ясно думать. Но инстинкты взяли верх, и я поняла, что не могу просто стоять в стороне. Нужно действовать.

Его госпитализировали в реабилитационный центр, но оставить всё на волю случая я не могла. Я решила взять его здоровье в свои руки. И с такой мыслью ко мне пришла решимость. Несмотря на страх и тревогу, я понимала: это мой долг, я должна бороться за Адиса. Я знала, что будет тяжело, но позволить себе сомневаться я не могла. Он нуждался в помощи, и я готова была сделать всё, что в моих силах.

После обследований мы осмелились на решительный шаг — открытую операцию на сердце. Предстояло заменить два клапана. Я понимала, насколько это рискованно, но другого выхода не было.

Операция длилась семь часов, и каждый миг ожидания в больничном коридоре казался вечностью. Каждая секунда была испытанием, в котором я не могла позволить себе слабости.

Всё это время в моей голове звучал один-единственный вопрос: выживет ли он? Я молилась. Молилась, чтобы всё прошло успешно. Чтобы риск оправдался. Чтобы Адис получил второй шанс.

Когда операция наконец завершилась, я почувствовала, как из меня вышел весь воздух. Адис выжил. И в его глазах я увидела ту же силу, которую я всегда искала в себе, — только теперь она была не только во мне, но и в нём. Он был жив, и только это имело значение. Всё, что мы пережили, — все страхи, все сомнения — всё того стоило.

Но операция стала не только медицинским шагом. Она оказалась кое-чем бо́льшим — перерождением для нас обоих. Я почувствовала, что, несмотря на все тяжёлые минуты, несмотря на прошлые потери и разочарования, я могу продолжать бороться. Не только ради него, но и ради себя. Мы оба прошли через что-то настоящее, что не всегда было легко.

Всё это время моя подруга из Киргизии находилась рядом. Она поддерживала меня, когда я не знала, как справиться с трудностями. Она была тем тихим ангелом, который не отступал, не оставлял меня в одиночестве, несмотря на все тяжести, которые я переживала. Благодаря ей я смогла пройти через три инсульта Адиса и его операцию на сердце. Подруга всегда была рядом, чтобы утешить, поддержать, выслушать, дать совет, — как невидимая сеть поддержки, которая держала меня на плаву.

Но, как часто бывает, наступает миг, когда человек, наконец получив то, что так давно хотел, в данном случае — грин-карту, начинает меняться. На первый взгляд, получение грин-карты должно быть исключительно хорошей новостью: новые возможности, свобода, новые горизонты. Но я начала чувствовать, как документ, который должен был стать символом победы, меняет не только мою жизнь, но и людей вокруг.

Может быть, это не было заметно сразу, но вскоре я поняла, что в нём скрывается нечто большее, чем просто право на жизнь в другой стране. Это как деньги для тех, кто когда-то нищенствовал: когда ты их получаешь, вдруг осознаёшь, кто ты на самом деле и что для тебя важно. Внешние обстоятельства раскрывают личность, показывая, кто мы есть. И те, кто был рядом, начинают меняться, порой не в лучшую сторону. Как если бы маски, которые мы носили всю жизнь, вдруг слетели. Люди проявляют истинное лицо, и это болезненно.

То, что казалось неизменным и близким, рушилось. Когда люди получают власть или статус, они становятся другими. Статус владельца грин-карты стал для многих индикатором, а для меня — испытанием. Это изменило отношения, которые я считала крепкими и проверенными временем.

Моя подруга, которая всегда была рядом, вдруг начала воспринимать меня по-другому. Это не было явным изменением, но я почувствовала, как её взгляд на мир стал меняться. Она стала смотреть на меня иначе, не с тем уважением и пониманием, как раньше. Кажется, люди чувствуют себя важнее, когда у них появляется что-то, чего не было раньше. И это меняет их отношение к тем, кто был рядом.

Я понимала, что грин-карта — не просто билет в новую жизнь. Это урок для меня, урок, что истинное лицо человека не всегда на поверхности. Часто, чтобы увидеть его, нужно пройти испытания. Изменения не всегда приводят к положительным последствиям, но они дают нам шанс увидеть мир и людей в новом свете.

Мы поругались с подругой. На сей раз она переступила границу. Подруга, которой я доверяла, рассказала моему бывшему мужу о Пите, моём итальянце. Я не могла поверить, что она так поступила. Её слова оказались ядовитыми, и они разрушили всё, что я строила. Моё сердце переполнили гнев и разочарование. Я не понимала, почему и зачем она вмешалась в мою личную жизнь, особенно когда я и так была на грани.

Рент в двух квартирах становился тяжким бременем, но я старалась держаться. Мы с Питом планировали будущее, собирались пожениться, начать новый этап в жизни. Но все проблемы, все обстоятельства поставили под угрозу всё, что мы строили. Как бы я ни пыталась собрать всё воедино, ситуация становилась всё сложнее.

Я столкнулась с трудным выбором. Я поняла, что мне нужно решить, что делать, и решение коснётся не только меня. Я дала Адису выбор, три варианта:

1) вернуться домой в Киргизию, туда, где было его прошлое;

2) пройти реабилитацию и попытаться восстановить свою жизнь;

3) поехать с нами в новую квартиру и начать новый путь вместе с моим настоящим мужем.

Жить с бывшим мужем и с настоящим одновременно — абсурд для большинства людей. Но, как бы странно это ни звучало, именно с таким выбором я столкнулась.

Каждый из вариантов был полон сложностей. Я понимала, что для многих это невозможно, но я не знала, как ещё поступить. Все отношения, ожидания и обязательства, которые я не могла контролировать, я могла бы оставить позади. Но разорвать все связи сложно, особенно когда чувствуешь ответственность за других.

Я понимала, что наступает время испытаний, когда нужно быть честным с собой и с окружающими. И мне, и Адису предстояло выбрать, что делать дальше. Но как можно выбрать, не зная, что лучше для всех? Это был миг, когда всё рушилось, и я осознавала, что мне нужно принять решение, даже если оно невероятно трудное.

ДОМ ТРОИХ

Квартира, прошедшая через капитальный ремонт, стала для нас новой страницей. Второй этаж, просторные комнаты, парк за окном — всё казалось почти идеальным. Почти идеальным, потому что наш быт отличается от привычного. Мы живём втроём: я с моим нынешним мужем — в одной комнате, мой бывший муж Адис — в другой.

Пролетело уже четыре года. Но начиналось всё нелегко. Сначала было странно — такой формат казался временным, вынужденным. Иногда я ловила себя на мысли: «Как мы здесь оказались? Ведь развод обычно ставит точку, а не многоточие...»

Но время и стремление работать над собой сделали своё дело. Мы установили правила: уважать личное пространство друг друга, распределять бытовые дела и никогда не перекладывать груз прошлого на настоящее.

Теперь, оглядываясь назад, вижу в таком формате своего рода успех. Да, жизнь бросила нам вызов, но мы приняли его. Вместе мы создали дом, в котором каждому из нас комфортно. Да, бывает трудно, но разве дом — это только стены? Это ещё и желание создавать уют несмотря ни на что.

Эти четыре года стали уроком терпения и зрелости. Мы оставили обиды в прошлом и нашли способ сосуществовать ради общего будущего. Жить рядом с прошлым, не позволяя ему затмевать настоящее, оказалось возможным.

Теперь, глядя на наш дом, я понимаю: он — не только о быте. Он о принятии, о способности отпускать и строить жизнь заново, даже если она идёт по непривычному пути.

www.ingramcontent.com/pod-product-compliance
Lightning Source LLC
LaVergne TN
LVHW051922060526
838201LV00060B/4138